AF273886

EN LA MISMA HABITACIÓN EN QUE TE SUEÑO

EN LA MISMA HABITACIÓN
EN QUE TE SUEÑO
Antología bilingüe

Andrea Cohen

Edición y traducción: Eduardo Gregori

MARESÍA

{Pie de Página}

{Pie de Página}

Título original: *en la misma habitación en que te sueño*
Primera edición, 2024

© Andrea Cohen
© Edición y traducción: Eduardo Gregori
© Diseño de cubierta: José Miguel Rodríguez Montoya
© Diseño y maquetación de interior: Marta Vega

Depósito legal: M-23484-2024
ISBN: 978-84-128718-4-5

Impreso de forma cariñosa en España.

Índice

Introducción

EDUARDO GREGORI

La poesía de Andrea Cohen (Atlanta, 1961) bebe de muchas fuentes y no todas, caso raro en Estados Unidos, pertenecientes a la tradición anglófona. Poeta de orígenes claramente surrealistas en sus tres primeros libros (*The Cartographer's Vacation*, 1999; *Long Division*, 2009, y *Kentucky Derby*, 2011), la poesía de Cohen fue despojándose gradualmente de anécdota narrativa para quedarse, literalmente, en los huesos. Este cambio se empieza a apreciar de manera muy evidente a partir de su cuarto poemario (*Furs Not Mine*, 2015), donde la poeta, desde mi punto de vista, encuentra su tono y su voz en una línea que prosigue en *Unfathoming* (2017), *Nightshade* (2019), *Everything* (2021) y el recientísimo *The Sorrow Apartments* (2024).

El surrealismo desbocado, acumulativo en sus imágenes, fue dando paso a una poesía que conserva, sin duda, ese gusto por el aspecto lúdico del lenguaje (sus poemas juegan, en muchas ocasiones, con asociaciones lingüísticas, refranes y dobles entendidos), pero con un tono progresivamente más pesimista y amargo —a pesar del humor, también abundante—. Los poemas de Cohen nos hacen recordar la escritura breve y aforística de Antonio Porchia[1] (a quien cita, por cierto, en el encabezamiento de un par de sus libros) e, ineludiblemente, al gran modelo de Emily Dickinson. La veta filosófica e intimista de muchas de sus composiciones deben bastante también, en mi opinión, a Antonio Machado.[2] El resultado es una poesía lúdica, libérrima, desenfadada y accesible a todo tipo de lector, pero con un sustrato profundo de meditación filosófica y progresivo desencanto vital.

Para entender la poesía de Andrea Cohen, hay que tener en cuenta tres vectores biográficos significativos: es sureña (aunque lleva residiendo bastantes años en Massachusetts dedicada, como tantos otros poetas, a la docencia), es judía y es gay. La cultura del sur de los Estados Unidos sale a relucir en algunos juegos de palabras y algunas alusiones culturales, fundamentalmente culinarias. Su crianza hebrea se deja entrever en poemas que detallan celebraciones religiosas como el Séder de Pésaj o en alusiones bíblicas como la del cordero pas-

---

1   La poesía de Antonio Porchia fue traducida al inglés por el poeta estadounidense W.S. Merwin ya en 1943.

2   La poesía de Antonio Machado ha sido traducida al inglés por el poeta y profesor estadounidense Robert Bly, en 1982.

cual o personajes como Lot y su esposa. Por último, su lesbianismo aparece de modo muy orgánico y natural en sus poemas amorosos y eróticos, siempre sutiles y hermosos.

Todos los poemas se presentan con un comentario del editor.

The Cartographer's Vacation (Owl Creek Press, 1999)

INSTRUCTIONS FOR WRITING

Eat a good breakfast.
Practice waltzing in the boiler room.
Expect flying tigers and nosy icebergs,
tides that run both ways and vultures
that address you by name.

Carry a first-aid kit.
Converse with extinct invertebrates.
Steal notes from the mimosa.
Expect to lose them.

Train your eye to distinguish
the limping, myopic guide
from the savanna
across which he leads you.

Hoard nothing.
Display your heartbeat,
the broken mirror,
the nonexistent trumpet's bleating breath.

ANDREA COHEN

INSTRUCCIONES PARA ESCRIBIR

Asegúrate un buen desayuno.
Practica un vals en el sótano.
Espera tigres voladores y entrometidos icebergs.
Cuenta con el flujo y el reflujo de las mareas
y con los buitres que te llamarán por tu nombre.

Carga un botiquín de primeros auxilios.
Conversa con extintos invertebrados.
Estudia las acacias, pero olvida después todas tus notas.
Aprende a distinguir al guía cojo y miope que te lleva
                                        [por la selva
de la selva misma que atravesáis juntos.

No atesores nada.
Muestra los latidos de tu corazón,
los espejos rotos,
el llanto inexistente de las trompetas.

Don't let facts
distract you
from the truth.

Include the impossibly blooming
white dahlia planted
in the blue lips
of a boy fished
from the Antarctic—
his frozen blood a logjam,
your pocket pen
the expert ice pick.

When you look ahead,
think of Lot's wife,
when you look back,
think of Lot.

No dejes que los hechos
te distraigan de la verdad.

Considera la posibilidad
de una dalia florecida
en los labios azules
de un niño ahogado en la Antártida;
su sangre, el puro hielo
que solo tu pluma es capaz de romper.

Cuando mires al frente,
piensa en la mujer de Lot.
Piensa en Lot
cuando mires atrás.

COMENTARIO DEL TRADUCTOR

Es este un poema muy típico de su primera etapa. El surrealismo (que nos recuerda a las instrucciones para llorar o para subir una escalera, de Julio Cortázar) se combina con un tono desenfadado y coloquial, no exento de fuerza expresiva en las imágenes de las dos estrofas finales.

The disappearing act

From his left ear
the magician
conjures
a silk scarf
a rainbow
of unbelievable
length
flaming
through his fingertips
to the tune
of commissioned symphonies
enlisting
the entire audience
for his trick
looping the never-
ending veil
as many times
as these are spectators
until the first
and last
stunned cries

Andrea Cohen

La desaparición

De su oreja izquierda,
el mago
conjura
un pañuelo de seda,
un arcoíris
de imposible
longitud
flameando
entre sus dedos
al ritmo
de la música,
complaciendo a la audiencia
en este truco interminable
hasta que las primeras y las últimas
exclamaciones admirativas
se ahogan metódicamente
en la llama crepitante
al viento
que ahora sopla
en dirección
a

choke methodically
in the long flame
crackling
feeding on
the dead breeze
moving
toward some village.

algún
otro
lugar.

En este poema se empieza a perfilar el estilo clásico de
Cohen; versos muy breves que describen una imagen sig-
nificativa y paradójica. En este caso, el truco de desapari-
ción de un mago que acaba derivando en la desaparición
del poema mismo.

Long Division (Salmon Poetry, 2009)

TO AN ANT FALLEN IN THE SALT SHAKER

I too have mistaken it
for sugar: the bright blizzards

are similarly blinding, inviting,
and once you have

an ache for nectar,
turning back is hard.

But there's one rule to follow:
if a dozen easy portals seem

to lead to pure confection,
if the way in

to sweetness seems direct
and seamless, beware. The lair

of sugar is heavy-lidded, is protected.
You must rely on someone

ANDREA COHEN

A UNA HORMIGA MUERTA EN MI SALERO

Yo también confundí
la sal con el azúcar.
Las ventiscas brillantes
te tientan y te ciegan por igual,
y una vez que adquieres
el gusto de ese néctar
dejar de desearlo
es imposible.

Aprende la lección:
si el camino a la dulzura
es ancho y despejado,
desconfía.

La guarida de lo dulce
está siempre protegida, bien armada.
Y habrás de confiar en el otro
para que baje el puente levadizo
del castillo.

other than yourself
to unlock that fort.

At least this is what I have found.
Which is not to say that had

you ended in the bowl
and not the shaker you would

not otherwise have drowned.
You would have.

But the aftertaste is long
and might have been less stinging.

Al menos es esa mi experiencia.

Lo que no significa
que si hubieras acabado en el azucarero
y no en el salero
no te habrías muerto igual.

Te habrías muerto igual.

Pero el sabor del azúcar
dura más en tu lengua
y duele menos.

COMENTARIO DEL TRADUCTOR

Este poema juega con la tradición lírica inglesa de un modo muy evidente para el lector anglosajón. Hay un intertexto claro en John Donne (1572-1631) y su celebérrimo poema «The Flea» («La pulga»), donde el poeta encuentra una pulga entre las sábanas y reflexiona sobre cómo esa pulga es el nexo de unión entre su amada y él, puesto que picó a ambos.

De un modo similar, Cohen descubre una hormiga en el salero y, a partir de ahí, elabora toda una admonición moral barroca sobre el amor verdadero (el azúcar) y el amor falso (la sal).

THREE-LEGGED RACE

The sum is less
than the parts,
if you're counting
the bound inner legs
of two kids as one.
But the three-legged race
demands its own
accounting: the sacrifice
of speed and grace
for the clumsiness
of companionship,
a race that lets children
ape the long-
married—those long-distance
athletes who've learned
by trial and error
to breathe deeply
and uniquely, to move
together, to keep arms
fast around the other, to
adjust to a partner's speed

ANDREA COHEN

CARRERA DE SACOS

La suma es menor que las partes,
si se cuentan como una
las piernas enlazadas de dos niños.
Pero la carrera de sacos
exige una responsabilidad única:
el sacrificio de la velocidad y la gracia
por la torpeza del compañerismo,
una carrera que permite a los niños
imitar a los matrimonios de muchos años;
esos atletas de largas distancias
que han aprendido,
a base de ensayo y error,
a respirar profunda y singularmente,
a moverse juntos,
a mantener los brazos firmemente alrededor del otro,
a adaptarse a la velocidad o la distracción del
compañero
y, lo que es aún más importante,
a reírse de sus caídas,
a levantarse con esfuerzo y saltar,
ajenos a los vítores, las cintas

or distraction, and as
importantly, when falling,
to laugh at the inside
joke of it, to gape at the huge
blue or bleary canopy,
to struggle upwards
and hop along, oblivious
to the cheers, to the ribbons
and penants awarded the so-
called victors stumbling
across the finish.

ANDREA COHEN

y los banderines otorgados a los supuestos vencedores
que ahora están cruzando torpemente la línea de meta.

Comentario del traductor

Una carrera de sacos se compara con el amor de pareja.
La poeta enfatiza la torpeza, las caídas y la falta de gracia
de dos niños/adultos forzados a moverse al mismo tiem-
po para ganar la competición; pero también nos muestra
la belleza de su complicidad y de su compromiso.

Furs Not Mine (Four Way Books, 2015)

THE COMMITTEE WEIGHS IN

I tell my mother
I've won the Nobel Prize.
Again? she says. Which
discipline this time?
It's a little game
we play: I pretend
I'm somebody, she
pretends she isn't dead.

ANDREA COHEN

La intervención del comité

Le digo a mi madre
que acabo de ganar el Premio Nobel.

¿De nuevo?, dice.
¿En qué categoría esta vez?

Es un pequeño juego
al que jugamos: yo finjo

que soy alguien; ella
finge que no está muerta.

COMENTARIO DEL TRADUCTOR

A partir de *Fars Not Mine* (2015) el estilo de Cohen se empieza a definir por poemas muy breves y sencillos, aparentemente banales, pero cuya ironía refleja una gran carga emocional. Aquí, la poeta imagina una conversación con su madre (a cuya muerte dedica varios poemas del libro) en la que ambas están fingiendo: Cohen, haber ganado el Nobel de Literatura; su madre, seguir estando viva.

WISHFUL

After her last
breath I waited
for her next one.

It was weather for hearing
pins drop and morphine
drip. It had been

forecast. My father,
bedside, dropped the black
plastic comb he must

have been holding.
Shh, I scolded him,
thinking the ruckus
could wake her.

ANDREA COHEN

ILUSIONADA

Después
de su último suspiro
esperé el siguiente.

Se podría haber escuchado
caer una aguja,
la morfina en el gotero.

Mi padre, al lado de la cama,
dejó caer el peine de plástico negro
que debía de haber tenido en su mano

Shh, le reñí,
pensando que el ruido
podría despertarla.

COMENTARIO DEL TRADUCTOR

Otro poema inspirado por la muerte de su madre. Aquí
la poeta está en el hospital, acompañada de su padre. Una
anécdota trivial (al padre se le cae un peine de las manos)
sirve para iluminar simbólicamente el momento exacto
de la muerte, anunciada por el ruido que interrumpe el
silencio.

BRUTAL

Brutal to give
the prisoner a window—
a blue sky glimpse—

as if an afterlife
existed. Brutal
for you to parade

in a body
in the same
room where I dream you.

BRUTAL

Es brutal
darle al preso una ventana
—un vislumbre azul del cielo—

como si aún existiera el Paraíso.
Es brutal
que te pasees frente a mí,

con todo tu glorioso cuerpo,
en la misma habitación
en que te sueño.

COMENTARIO DEL TRADUCTOR

Un poema de amor y de deseo, donde Cohen compara el
cuerpo de la amada con una promesa cruel de felicidad.
Es como el reverso de nuestro «Romance del prisionero».

Partial recipe for brunswick stew

Ground beef in enough water
to cover. Simmer. Add canned

tomatoes, lima beans, corn and celery,
tabasco, onion, bell pepper. That's what

the dead do: leave us
with a list of ingredients, with

meager instruction, without
measurements. This is the partial

recipe, penciled in my mother's hand,
on a child's scrap of red and blue

ruled paper. There are no
rules for bringing up

the rear: only hunger
and the fiery memory

Andrea Cohen

Receta parcial del guiso de mi madre[3]

Cubrir de agua
la carne molida.
Hervir a fuego lento.

Añadir los tomates en lata, las alubias,
el maíz y el apio. La salsa tabasco, la cebolla
y el pimiento verde. Eso es

lo que hacen nuestros muertos:
nos dejan
una lista de ingredientes

con escasas instrucciones,
sin medidas precisas.
Esta es la receta

parcial, apuntada con

---

3   El *Brunswick stew* del original es un guiso típico del sur de los
Estados Unidos, con base de verduras y carne de pollo, ternera y
cerdo. Muy picante.

of the bowl we believed
could never be empty.

la letra de mi madre,
en un papel de libreta

a rayas rojas y azules.
No hay reglas claras:
solo el hambre

y el recuerdo encendido
del plato que pensamos
que jamás veríamos vacío.

Cohen intenta seguir la receta casera de su madre, a modo
de homenaje. Las instrucciones no están claras, pero ya
no hay manera de poder preguntarle. El plato vacío del
final funciona como símbolo de su muerte y de la orfan-
dad, que ahora siente, de modo acuciante y repentino, la
poeta.

LIT

Everyone can't
be a lamplighter.

Someone must
be the lamp,

and someone
must, in bereaved

rooms sit,
unfathoming what

it is to be lit.

Iluminado

No todo el mundo
puede ser farolero.

Algunos han
de ser faroles,

y aun algunos deben,
sentados en habitaciones
desoladas,
preguntarse qué significa

estar iluminado.

Comentario del traductor

A partir de *Unfathoming* (2017), muchos de sus poemas
se estructuran a modo de apuntes metafóricos; a menudo
de raíz lingüística. Aquí se juega con la idea de ilumina-
ción (intelectual, espiritual y puramente física). El poema
transmite soledad y tristeza; un tono en el que ahondará
en sus siguientes libros.

SILENCE

Not an absence
of blackbirds

singing, but
an abundance

of blackbirds
listening.

ANDREA COHEN

SILENCIO

No la ausencia de mirlos
cantando,
sino la abundancia
de mirlos
escuchando.

COMENTARIO DEL TRADUCTOR

Aquí el poema es una reflexión sobre el silencio, estructurada mediante la sustitución gradual de la imagen primera (la ausencia de pájaros cantando) por la imagen segunda, paradójica e inquietante (la abundancia de pájaros que escuchan). Recuerda a «Cine mudo» de la poeta cubana Fina García Marruz (1923-2022), en el que dice «No es que le falta / el sonido, // es que tiene / el silencio».

What i heard

She was talking about Akhmatova
and Mandelstam, how there

was only one egg, which she
gave him. But what I heard

was one *ache*: there was one
ache, and they shared it.

Lo que entendí

Hablaba sobre Ajmátova
y Mandelstam[4], sobre

cómo solo tenían
un huevo para comer
y cómo ella se lo dio.

Pero lo que entendí
fue que solo tenían
un dolor para comer:
un único dolor que compartieron.

Comentario del traductor

Se establece aquí un juego lingüístico con la semejanza de las
palabras *egg* (*huevo* en inglés) y *ache* (*dolor*), que son homó-
fonas en la pronunciación sureña estadounidense, caracteri-
zada, entre otros rasgos, por la relajación de los diptongos.
La poesía surge aquí del hallazgo fortuito (una vieja técnica
surrealista: Cohen no rechaza sus orígenes) de la similitud
entre un huevo compartido (hambre) y un dolor comparti-
do (sufrimiento), características biográficas de ambos poetas
soviéticos, represaliados en los gulags de Stalin.

---

4   Anna Ajmátova y Osip Mandelstam fueron dos extraordinarios
poetas rusos de la primera mitad del siglo XX.

Nightshade (Four Way Books, 2019).

MAJOR TO MINOR

Trains jump tracks,
and people from

steep trestles leap.
But mostly it's

the subtler shifts
that hit us hard:

the key to the city
not quite fitting, the

epiphany of twin
beds where there

was one—like two
icebergs no July

ANDREA COHEN

DE MAYOR A MENOR

Los trenes descarrilan
y hay gente
que se tira de los puentes.

Pero suelen ser
cambios más sutiles
los que más nos afectan:

una nueva ciudad
en la que no acabamos
de encontrarnos,

la epifanía de las camas
separadas cuando antes
había solo una grande,

como dos cascotes
de hielo polar
con los que
julio no supiera
qué

knows what
       to do with.

demonios
     hacer.

COMENTARIO DEL TRADUCTOR

Uno de los temas principales de *Nightshade* (2019) es la separación de su pareja y la tristeza del desamor. El laconismo brutal de la primera estrofa sirve para enmarcar acciones aparentemente superficiales, pero que suelen revelar un innegable mar de fondo del dolor, como esas camas separadas que antes estaban unidas en el dormitorio.

DIVISION OF

You took the painting
of the girl on the stair.

You left the stair.
You took the nail

on which the girl
in a pink haze hung.

You left the hole
in horsehair plaster—

and the crumbling
that comes after.

ANDREA COHEN

División de bienes

Te llevaste el cuadro
de la chica en la escalera.

Dejaste la escalera.
Te llevaste el clavo

del que la chica
—pura neblina rosa—
colgaba.

Dejaste el agujero
en la pared de yeso
y el desmoronamiento
que vendría después.

Comentario del traductor

De nuevo el poema se articula en torno a una imagen fi-
nal cargada de presentimientos negativos. La casa vacía y
ese pequeño agujero en la pared que anticipa la depresión
del fracaso amoroso.

SPELL

When she left
we halved

everything
but absence.

I didn't buy
another bed,

but slept
on the floor.

It was good
for a spell

to have nothing
to fall out of.

ANDREA COHEN

POR ALGÚN TIEMPO

Cuando se fue
nos repartimos todo
por la mitad,
menos la ausencia.

Yo no compré
otra cama;
dormí en el suelo.

Por algún tiempo
estuvo bien
no tener nada
de lo que poder caerse
y volver a romperse el corazón.

COMENTARIO DEL TRADUCTOR

La ironía dolorosa de que, al separarse, todo (menos el
dolor) se divide en partes iguales. Y esa negación a com-
prarse otra cama, esa obcecación en no volver a dormir
en una cama diferente a la compartida con la amante.

Prayer

Dear God, give
me the strength—

in the presence
of deaf gods—

to stop praying.

Andrea Cohen

ORACIÓN

Señor,
dame la fuerza
—en presencia
de dioses sordos—
para dejar de orar.

COMENTARIO DEL TRADUCTOR

La relación de la poeta con la tradición religiosa de su infancia está siempre tamizada por la separación irónica, pero, al mismo tiempo, por la añoranza de la seguridad y protección emocional que le otorgaba. Ora para tener la fuerza de no tener que orar más.

WEDDING DRESS

Look closer:
she sewed it

from a hundred
tattered flags

of surrender.

ANDREA COHEN

Traje de novia

Fíjate bien:
lo cosió

con cien retazos
de cien banderas
rotas

de derrota.

Sunset

That was a red
flag and all

I could do
was run to it.

Andrea Cohen

Puesta de sol

Era un capote rojo
y todo lo que pude hacer
fue embestirlo.

A veces, en los poemas más breves de Cohen, se aprecia
una influencia (o un homenaje) directo al movimiento
imagista de principios del xx (Ezra Pound, Marianne
Moore…). Este es un claro ejemplo: el crepúsculo como
una muleta roja que la poeta embiste como un toro.

FUTILE

To pound at a door
that isn't there—

with her I
hounded air.

ANDREA COHEN

Inútil

Llamar a una puerta
inexistente—

con ella
perseguí el aire.

Comentario del traductor

El fracaso amoroso se explica mediante la imagen de la
inutilidad: llamar a una puerta hecha de aire.

Blizzard

All night plows plow.
Snows snow. Lovers

somewhere somehow love.
What purity: doing what

you are. I listen to the bone
soup brewing: not the proper

way to savor the savory.
Let's study weather

weathering, balloons
ballooning. The weather

balloon sent up says
which way winds

howl & how fast. I'm
trying to put my mouth

Andrea Cohen

TORMENTA DE NIEVE

Toda la noche
las palas palean,
la nieve nieva.

Los amantes
de algún modo,
en algún lugar,
se aman.

Qué pureza:
hacer lo que eres.

Oigo cómo hierve
el caldo al fuego.

Estoy tratando de entenderte,
de meterte en mi boca
para pensarte mejor.

Es un acto extraño—
como el de ese perro

around the idea of
you. It's an awkward

task—like the dog
bringing slippers

to his legless master.

Andrea Cohen

que le trae las pantuflas
a su dueño sin piernas.

Comentario del traductor

En este poema, la autora juega con las palabras («las palas palean», «la nieve nieva») para intentar expresar la importancia de hacer lo que uno está destinado a hacer. Cocinar para recordar mejor a la persona amada, tratar de recuperar los momentos compartidos. La imagen final, muy propia de Cohen, refleja la ironía cruel de un acto abocado al fracaso; como seguir amando a alguien ausente.

How sound travels

You said goodbye and I
heard *good* and *I,* and

only later, the buzzing
b, its lethal sting.

La velocidad del sonido

Dijiste *goodbye*
y yo entendí *good* y
I

y solo mucho después
esa *b* oclusiva,
su picadura mortal.

Comentario del traductor

De nuevo el tema de la incomprensión mutua, de la inuti-
lidad del lenguaje para hacernos comprensibles a nosotros
mismos y para comprender a los demás. Entender *good*
y *I* ('bien' y 'yo') para luego oír la *b* que forma el *goodbye*
('adiós') y saber que no se iba tan bien como se pensaba.

Summer, lake

You can't fish
for light, or

you can, but
you have to

throw it back.

Andrea Cohen

VERANO, LAGO

No puedes pescar la luz;
bueno, sí puedes,
pero has de devolverla
al agua después.

COMENTARIO DEL TRADUCTOR

Otro poema brevísimo, en la estela imagista, articulado
en torno a una metáfora central: la luz del verano en el
lago es como un pequeño pez. Y, como un pequeño pez,
ha de ser devuelta al lago. La belleza como ofrenda inme-
recida de la vida.

Declarative

I give you
broken

things, so
you won't

ask: *will*
this break?

Declaración de intenciones

Te doy
cosas rotas
para que no
me preguntes:
¿se nos acabará rompiendo esto también?

Comentario del traductor

El amor condenado al fracaso. La inutilidad de amar y,
también, la inevitabilidad de hacerlo. Todo está conde-
nado al rompimiento y al olvido; tal vez por eso la poeta
solo pueda ofrecer cosas rotas.

To the sun

Come back
so I
can forgive you.

Andrea Cohen

AL SOL

Regresa
para que pueda
perdonarte.

COMENTARIO DEL TRADUCTOR

Casi como un haiku, este brevísimo poema une la imagen
del amanecer con la del perdón. Como una amante in-
fiel, el sol regresa pidiendo perdón cada mañana. Y en ese
perdón se cifra todo el profundo pesimismo de la autora
sobre el amor y la belleza.

AFTER HORACE

The dark boat that bears
us away—tell me

that's the one, coming
here, that sank.

ANDREA COHEN

HORACIANA

La oscura barca que nos ha de llevar—
dime que es la que se hundió
al venir hacia aquí.

COMENTARIO DEL TRADUCTOR

Referencia clara a la mitología grecolatina, donde Caronte, el barquero, cruza la laguna (o el río) Estigia transportando las almas de los muertos al más allá. La poeta desea que la barca se hunda; es decir, que no exista la muerte inevitable.

Shadow of

The shadow my mother
makes she makes

by mistake. Take
two, she says, rearranging

us in front of the camera,
in front of the brick

wall that is the sea we
are forbidden to drown

or swim in. All these
years we stare her

down, sullen, sun-
blinded. What was

the photo meant
to document? Not

that we were there—
or anywhere—but that

someone was looking.

Andrea Cohen

La sombra de

La sombra de mi madre
en la fotografía.
Tomemos otra, dice,
volviéndonos a colocar a todos
frente a la cámara
y el mar
donde tenemos prohibido
meternos y ahogarnos.

Todos estos años
mirándola,
malhumorada y cegada por el sol.

¿Qué pretendía reflejar en esa foto?

No que estuviéramos allí
—o en cualquier otro lugar—,
sino que alguien nos estaba mirando.

COMENTARIO DEL TRADUCTOR

Al volver a ver una vieja fotografía de su infancia, la poeta
recuerda la mirada de su madre. Su protección, su amor
severo y absurdo y su ausencia presente.

SWEATER

It comes with an extra
button stitched into

the inside seam: no
idea of warmth

is complete without
the promise of what

must unravel.

ANDREA COHEN

Suéter

Viene con un botón adicional
cosido en la costura interior:

ninguna idea de consuelo
está completa
sin la promesa
de lo que debe deshilacharse.

Comentario del traductor

De lo más banal y cotidiano (el hecho de que su suéter
traiga un botón extra por si el otro se daña), Cohen ex-
trae una enseñanza moral universal: el pecado (el mal,
la muerte) es intrínseco a la redención (el bien, la vida).
Para que exista consuelo es necesario que algo salga mal.

Night

Someone was talking
quietly of lanterns—

but loud enough
to light my way.

NOCHE

Alguien hablaba de unos faroles
en voz baja;
pero en voz bastante alta
como para iluminar mi camino.

COMENTARIO DEL TRADUCTOR

Aquí Cohen recurre a otra de sus figuras favoritas, la paradoja, para presentar la metáfora (antiquísima) del lenguaje como luz que ilumina las sombras.

Harvest

The pears I did
not give you six

years back can't
stop rotting.

ANDREA COHEN

COSECHA

Las peras que no te di
hace seis años
no han dejado de pudrirse.

COMENTARIO DEL TRADUCTOR

En otra variación de un haiku imagista Cohen presenta la imagen de unas peras que aún siguen pudriéndose después de muchos años. Es una metáfora evidente del amor no correspondido, ante el que el dolor se mantiene fiel, tampoco cambia. A pesar de su brevedad, la poeta presenta una imagen muy potente de duelo.

Winter

The moths have sewn
another hole
into my sweater.

Invierno

Las polillas han zurcido
otro hueco
en mi jersey.

COMENTARIO DEL TRADUCTOR

Casi a modo de greguería ramoniana, Cohen describe el invierno con la imagen de un jersey roído por las polillas, creadoras de vacío. La sutileza magistral del poema radica en el hecho de que las polillas ya se han ido («han zurcido») y en su recurrencia («otro hueco»). La soledad es cíclica y repetitiva. Otra historia de amor; otra desilusión.

Catalogue of

What isn't
perishable
isn't.

CATÁLOGO

Lo que no
muere
no es.

COMENTARIO DEL TRADUCTOR

No se puede escribir un poema más sugerente y completo
con menos. El poema es un catálogo de todo cuanto exis-
te. La mortalidad es inherente a la vida.

Everything (Four Way Books, 2021)

DESERT ISLE

If I have to
go there, I'd

like a phone-
book I can

sit on, on
a chair—

I'd like
to believe

I'm a child
Someone

comes back for.

ANDREA COHEN

Isla desierta

Si he de irme a una, me gustaría
una guía telefónica en la que sentarme,
sobre una silla.
Me gustaría pensar
que soy un niño
que alguien va a venir
a recoger.

Comentario del traductor

La soledad es un niño que espera que alguien lo venga a
recoger para llevarlo a casa. La cruel ironía es que, como
adulta, nadie puede cumplir ese papel para ella. No hay
casa a donde regresar, ni madre que nos lleve amorosa-
mente a ese lugar de amor y comunión.

Half measures

She lamented her half-
empty cup, how

big it was, how
much emptiness

she'd been given.

Andrea Cohen

A MEDIAS TINTAS

Ella lamentaba
su taza medio vacía,
lo grande que era,
la gran cantidad de nada
que le habían dado.

COMENTARIO DEL TRADUCTOR

De nuevo la paradoja: el vacío está lleno de nada. Ella llena la mitad de la taza, pero no hay nadie que llene la otra mitad.

CRAFT TALK

I paint
small birds,

so when
they fly

off, their
loss might

seem
like less.

ANDREA COHEN

Gajes del oficio

Pinto pájaros pequeños,
así, cuando se vuelan,
su pérdida
podría parecer menor.

Comentario del traductor

Ejemplo de reflexión metapoética, aquí Cohen habla de sus poemas (pequeños pájaros pintados) y confiesa su razón de ser, con su usual ironía pesimista.

Fellow traveler

She went everywhere
with an empty suitcase.

You never know when
you'll need to leave

swiftly with nothing.

Andrea Cohen

COMPAÑERO DE VIAJE

Iba a todas partes
con una maleta vacía.
Nunca sabes cuándo
tendrás que marcharte
rápidamente,
sin nada entre las manos.

COMENTARIO DEL TRADUCTOR

Otro texto paradójico y pesimista. Todos llevamos una
maleta vacía para llenarla de nada al marcharnos cuando
ya no nos quieren.

No moon, but

I knew it was
the beekeeper

who touched me,
not because she

tasted of honey,
but because she

was unafraid
of being stung.

Andrea Cohen

No había luna esa noche, pero

Tuve la certeza
de que era apicultora
en cuanto me tocó;
no porque me supiera a miel,
sino porque no temía ser herida.

LOVE

It's an extreme
sport—like in-
door beekeeping.

AMOR

Es un deporte extremo;
como la apicultura de salón.

COMENTARIO DEL TRADUCTOR

Continuando la metáfora anterior, este brevísimo poema
de apenas dos versos describe humorística y doliente-
mente la pasión amorosa.

Rooms

People move
out. They leave

empty rooms.
You choose

what to do—
move into

them, or let
the emptiness

move into you.

Andrea Cohen

HABITACIONES

La gente se marcha.
Dejan habitaciones vacías.
Tú decides qué hacer:
habitarlas
o dejar que el vacío
habite en ti.

COMENTARIO DEL TRADUCTOR

Los poemas de Cohen son breves y reiterativos en torno a
imágenes comunes, repetidas a lo largo de varios textos en
cada poemario. El vacío, de nuevo, como todo lo que con-
servamos entre las manos después de haber amado. Aun
así, hay cierto grado de optimismo aquí en la posibilidad
—remota— de hacer desaparecer el vacío ocupándolo.

Mirror

I'd have paid
anything

for one
with another

face in it.

Espejo

Hubiera pagado
cualquier cosa
por tener otra cara en él.

COMENTARIO DEL TRADUCTOR

Poema casi confesional, pese a su brevedad. El sentimiento de fealdad e inadecuación frente al amor. Cabe también la interpretación aditiva de *otra*; es decir, la poeta desea mirarse en el espejo con la compañía de otro ser humano.

Bridge

Where there was
one, now sky

and river. Now
me here and you—

where?—and a cherry
blossom that recalls

evenings walking
on water.

ANDREA COHEN

PUENTE

Donde antes había uno,
ahora solo hay cielo y río.
Ahora,
aquí,
tú,
yo
y un cerezo en flor
que recuerda esas tardes
en que caminábamos sobre las aguas.

COMENTARIO DEL TRADUCTOR

Este poema cambia el tono de los precedentes, configurándose como un ejemplo de lirismo delicado y profundo. El verso final pertenece al imaginario religioso que forma parte, como hemos visto, del universo conceptual de la autora, aunque otorgándole un significado amoroso y pasional en este caso. Un puente que solo existía porque la confianza del amor hacía posible andar sobre el agua. Un puente que realmente nunca existió; de ahí el problema.

Naming

There's a name
for the flower
that comes
after the first
rain and a name
for that rain,
but no short-
hand for saying
we waited
a last time
in the rain
for that flower.

ANDREA COHEN

NOMBRAR

Existe un nombre
para la flor que brota tras la primera lluvia,
y un nombre para esa lluvia también.
Pero no hay manera de decir
que tú y yo esperamos
una última vez
bajo la misma lluvia
a esa misma flor.

COMENTARIO DEL TRADUCTOR

El tema de la inefabilidad de la experiencia humana (el
amor, en este poema) y la paradoja de un lenguaje que
se autoconcibe como inútil para nombrar la herida, aun
nombrándola. Y de fondo esa flor que no brotó tras la
primera lluvia, ese amor que no superó la primera caída.

Horizon

A line I
will not cross.

Horizonte

Una línea
que no cruzaré.

Comentario del traductor

Poema imagista; el horizonte como imposibilidad de actuación.

The thing you

The thing you
can kill with

one hand you
can't—with

a thousand
hands—
bring back.

Andrea Cohen

Lo que

Lo que matas con una mano,
ni con mil manos
lo puedes revivir.

Paradoja ética. La destrucción o el olvido son capaces de
destruir rápidamente la flor de la sensibilidad y del amor.
¿Y quién es capaz luego de construir una flor?

Tragic news

The tragedy was
that it was

usual and was
not news.

Andrea Cohen

Noticias trágicas

Lo trágico de las noticias fue
que eran lo más normal del mundo.

Paradoja ética: normalización y banalización del mal y
del dolor.

BELL

There was a bell
that rang

in my dreams.
It was beautiful

and I
was careful

not to ring it
too loudly—

lest I wake.

ANDREA COHEN

CAMPANA

En mis sueños sonó una campana.
Su sonido era hermoso
y tuve cuidado
de no tañerla con demasiado ímpetu,

no fuera a despertarme.

COMENTARIO DEL TRADUCTOR

Variación sobre un famoso haiku de Basho (1644-1694).
El sonido de la campana es todo lo que queda de la campana. Aquí, el sonido de la campana solo suena en el sueño del que no queremos despertar (el amor, la felicidad de sentirse amada y protegida).

The Sorrow Apartments (Four Way Books, 2024)

Refusal to mourn

In lieu of
flowers, send
him back.

Rechazo al duelo

En vez de
mandarme
flores,
mandádmelo a él
de regreso.

Comentario del traductor

Otro ejemplo, tal vez el más brutal de toda la colección, de paradoja. Ante la muerte del padre, las palabras y los símbolos solo refuerzan su inutilidad y nuestro desamparo.

Andrea Cohen escribe y nada en Wellfleet, Massachusetts. Sus héroes han nadado en canales venecianos, el río Chattahoochee y el canal de la Mancha. Es la autora de ocho libros de poesía, incluyendo más recientemente *The Sorrow Apartments*, *Everything* y *Nightshade*. Sus poemas han aparecido en *The New Yorker*, *The New York Review of Books*, *The Threepenny Review*, *The Atlantic* y *Poetry*, entre muchas otras publicaciones. Dirige las veladas poéticas de la Blacksmith House en Cambridge, MA.

Todas las erratas de este libro
han sido colocadas estratégicamente.